JN410227

연꽃 만나고 가는 나그네

김정아 시집

연꽃 만나고 가는 나그네

인쇄| 2007년 10월 25일
발행| 2007년 10월 30일

글쓴이|김정아
펴낸이|장호병
펴낸곳|북랜드
110-999 서울 종로구 신문로1가 오피시아 1406호
대표전화 (02) 732-4574 | (053) 252-9114
팩시밀리 (02) 734-4574 | (053) 252-9334

등록일| 1999년 11월 11일
등록번호| 제13-615호
홈페이지| www.bookland.co.kr
이-메일| bookland@hanmail.net

편집주간| 곽홍렬
책임편집| 김인옥
영 업| 최성진

ISBN 978-89-7787-447-3 03810

값 7,000 원

김정아 시집

연꽃 만나고 가는 나그네

북랜드

시인의 말

혼자 가는 길은 외롭다
중심을 잃지 않고 가는 사람과
함께 갈 수 있음은 분명 행운이다

여행하면서 마주하는 길
큰길에서 샛길을 찾다가 가끔 생각지도 못한
즐거움을 얻고
발길 닿는 곳으로 가다가 예상치 못한 인연을 만난다

정하여서 떠나기보다는
가다가 마음이 머무는 곳이면 잠시 앉아
구경하며 쉬었다 가는 발걸음 닿는 곳으로
또, 바람이 부는 날에는 떠나리라

김정아

차례

2

3

4

하늘국화

싸리나무 빗자루 자국
멍석을 깔아놓은 듯
새벽 산사
차마 밟지 못하고
뒤꿈치 들며 갓길을 걷는다
새벽 이슬 고운
여승의 노래인가
흙 빗질 가련하다
흐르는 국화 향기에 한참을 머물다
손톱만 한 얼굴에 구르는 소리
아침 안개 속으로 날아드는
낯모르는 산새 한 마리
소슬바람 가지 끝으로
빗질 따라 피어나던 하늘국화
한 송이

낙조

쪽 꽃이 피운 하늘에
구름이 섬을 만들고
꽃물이 바다를 적신다

꽃이 지고 있다
쪽빛 비녀 꽂고
버선발로 서성대는 여인아.

물새

호젓한 시골 못 가에
하얀 수염의 한 촌로
먼 산을 바라보고 있다

노인은 어제도 그제도
지팡이 세워놓고
넓적한 바윗돌 이리도 편하다며
바람도 부르고 구름도 부른다

한 몸 오가는 것
아는 이 없다 설워 마라
나 하나 살다 가면 그만이지
구성진 장단에 해가 저문다

숲에서

계곡의 세찬 물소리
풀 속에서 우는 벌레 소리
나뭇가지 오르내리는 새소리

돌돌 구르는 물소리
귀를 뚫어주는
솔숲 바람

살아있음이다
깊은 그늘 속 햇살 한 줄기

당신의 가을은 어떻게 왔나요

기다리는 사람들의
그림이 되고 시가 되는
플랫폼을 스치는 바람결에서
하늘 냄새가 날 때
그렇게 왔다, 나의 가을은

백련차에 가을을 담아 보내준
찻물 끓는 소리 정겨운데 손끝의
야생차 향기에 어리는 정

소식 뜸하던 벗님네
안부가 싱그러운 새벽
차 한 잔을 들고 못가에 앉아서

달개비 꽃이여!
그대는 어디서 왔나요?

노란 손수건

팔월 오후
납덩이 하늘을 이고 나뭇잎 푸르름도
풀죽은 아이처럼 소리 없다

노란 은행잎 손수건
어느덧
땀에 젖는다

"고르차코프"의 꺼지지 않는 촛불인 양
어느 가을 길에서 선물 받은
그대의 노스텔지어

또다시 그리워하겠지
고추잠자리 붉은 대추가 통통 살찌는
팔월 지나고 가을이 오면…

깨어 있는 새벽

이 아름다운 새벽을 다녀가신
그대는 누구입니까
이 맑고 고운 향기를 전해주는
그대는 누구입니까

저마다 삶에 온 힘을 다하는
눈물겨운 새벽의 풍경
이 투명한 시간을 다녀가신
그대는 누구입니까

까치, 당신이군요!

새벽 연못가

친구들 보고 싶어
서둘러 연못으로 갔다
나뭇잎, 풀잎에 맺힌 이슬방울들
살금살금 지나가다
별꽃에 맺힌 눈과 마주쳤다
손톱보다 작은 꽃잎에서 빛나는 물방울
단풍나무에 앉은 이슬은
단풍나무를 닮았고
민들레 홀씨에 맺힌 이슬은
홀씨를 닮았다, 문득
눈물 나는 새벽

빛나는 눈동자 네 잎 클로버
받기만 하는, 그래서
부끄럽기만 한 새벽 산책길

늦은 봄

꽃이 지는 늦은 봄날
산길에서 만난 진달래
세상살이 귀찮아 찾아든
나그네 같다

비탈길에 매어 놓은 밧줄
반가움이 더하니
한결 가벼워진 발걸음

각시붓꽃 청승맞게 앉아서
송홧가루 날리는 봄을
일기장에 적고 있다

미친 봄날

한바탕 난리굿을 쳤던 장터
오고 간 발자국 위로
또, 세월이 흐른다

분칠하고 엉덩이 실룩대던
주모의 간드러지던 웃음 소리
막걸리 사발에 묻어 있다

하루는 꽃이 피고
하루는 꽃이 지니
바람도 갈 길 몰라 허둥지둥

눈이 시린 배꽃 아래서
꽃잎 띄운 술에 취하고 싶은
미친 봄날의 밤이어라

첫눈이 내리는 날

백발노인이 도포 자락 날리며
큰기침을 하면
황소 등 자락 같은 겨울 산도
눈밭에 하얀 나무도
다소곳이 기도를 합니다

기차는
눈꽃 핀 다리를 건너갑니다
첫눈이 내리면
첫사랑 소녀를 태운 기차는
하모니카를 붑니다

첫눈의 약속
지금, 당신 곁으로 갑니다

싸리꽃 필 때면

깊은 산골마을
소녀가 전학을 오던 날
창가 너머로 보이던 싸리꽃이
참으로 고왔다

선생님 카메라가 부러워서
서성대며 훔쳐보던 소풍날
자랑할 게 너무 없어
속상해서 내려오던 산길
애꿎은 싸리꽃에게 투덜투덜

여행길에 만난 싸리꽃
셔터를 누르는 손끝이 파르르…

春雪

어쩌란 말인가!
몸이 이렇게 뜨거운데
차디찬 이별의 키스를
어쩌란 말인가!

누군들 미치지 않을까
하얗게 부서지는 미소에
소름 끼치는 전율

목화 꽃 수놓은 이불로
뜨거운 몸을 덮어주오
너를 품어 태어나리
찬란한 새 날로

꽈배기와 생태

꽈배기를 보니 생각이 났다며
한 봉지 건네주는 사람
가만히 안아주며 돌아서는데
종소리가 들렸다.

노점에서 생선을 파는 부부
가게 하나 샀다고 자랑하는데
모습이 얼마나 곱던지
생태를 좋아하는 벗이 생각나
한 마리 더 샀다.

꽈배기와 생태
부자 되라고 인사하고 돌아서는데
하늘에서 꽃비가 내렸다

산중의 꽃

산골짜기 흐르는 물처럼
산중에 홀로 핀 꽃처럼
천 리 만 리 향기 전해지는
비가 와도 젖지 않는 마음

새벽닭 울음에 소박한 밥상
어찌 행복하지 않으리
찔레꽃 같은 내 각시
잘 살았다 웃으시네.

제비꽃

— 어느 수인의 이야기

가슴에 두고 부르지 못하는 이름
울지 않으려 제비꽃이라 부릅니다
우물 깊은 회한의
해도 달도 별도 모르는 어둠 속으로
한 가닥 내려준 빛은
여리고 가냘픈 그대 손입니다
잃어버린 세월
세상은 나를 잊고
나는 세상을 잊었습니다
끝을 모르는 나는 어둠이 두렵습니다
분초로 흐르는 세월이 쏜살같아
어느덧 반백의
까맣게 잊어버린 동심
천둥 같이 우렁찬 초침
작은 숨소리에도 놀라는 나에게
한 때의 웅성거림이 있었습니다
아이들
한 동네에서 자라던

반백의 아이들이었습니다
이 한 다발의 꽃을 모아 안고 온
어린 시절의 동심
마리아의 성전에 수놓았을 조용한 빛으로
모두들 꺼려 하는 이 죄인에게
가녀린 손 내밀어 준 그대를
제비꽃이라 부릅니다
가슴에 두고도 부르지 못할 이름
부릅니다 부릅니다
살고 싶어 제비꽃이라 부릅니다

개망초

햇살 쏟아지는 갓길에
녹음이 짙어 갈수록
하얀 그리움
담을 넘어 온 바람이
작은 꽃망울을 흔들면
아가를 닮은 웃음꽃
길을 가다가
눈빛 마주하노라니

내 마음 아이처럼
내 마음 아이처럼…

노란 병아리

윤지야
첫사랑이 뭐야
바보야
결혼하고 싶은 사람

윤지야
4 나누기 4는 얼마야
바보야 8이지
어떻게 알았어

윤지야
두발자전거 타면 여덟 살 되니
아니야, 밥 많이 먹으면 된다
내년까지 밥 많이 먹어야지

윤지야
1학년은 여덟 살이니
일곱 살인 거 말 안할게
응, 넌 몇 살인데

세상에서 저토록 고운 꽃이 있을까

2

떠나기를 위한 머물기

지금에서 떠남을 서두르며
나서는 거리에는
볼 수는 있어도 안을 수 없는
떠남의 자리만

무엇이 그토록 떠나게 했을까
허기진 모습으로 돌아올 것을
그토록 서둘러 떠났는가

그들은 떠남을 위해서
머물고 있는지도 모른다
그래서 아름다운지도…

겨드랑이에서 부는 바람

나를 아프게 했던 말도
알고 보면 내가 지은 말
속상해 화를 내던 일도
내가 만든 허상일 뿐
맘 다치는 것도 맘 주는 것도
내가 짓는 일인데
누굴 탓하는 어리석음보다
나의 부족함을 탓하는
어진 사람으로 살자
茶를 마시는 고요함으로 바라보자
눈물나게 아름다운 이 세상.

3월의 신부

논두렁 밭두렁
디딜 곳 몰라 어쩌지
저토록 여린 몸짓으로
들녘을 깨우는 꽃다지
행여 다칠가
큰 걸음 옮기다
옆에 누웠다

들리니
복사꽃 깔깔대는 웃음
바람도 부는데
신방이나 차려볼까

하룻밤의 꿈

대지가 어둠을 깔고 앉은 어제 같은 오늘
어디까지 어제이고 어디까지 오늘인지
인간이 정해놓은 소꿉살이 같은 하루하루
넘치는 날도 부족한 날도 있건만
욕심에 번뇌하고 집착에 스스로 옭아지는 어리석은 나
모두가 가장 깊은 잠 속에 빠져 있을 이 시각
확연한 나를 봅니다
어쩌면 우리가 산다는 것은 하룻밤인지도 모릅니다
자다 보면 목이 말라 물을 찾기도 하고
잠자리가 불편해서 뒤척이기도 하고
나는 어느 정도 잠을 잤을까
문득 이런 생각을 하다 보면 그다지도 새로울 것이 없는
오늘이라고 이름 하지 않으면 변한 것은 없을진대
이 어둠 속에서 어제를 찾고 오늘을 지어내려 하는지
산다는 것이 아무것도 아닌 것 같아도 나를 쳐다보면
가슴 벅찬 일이며 신나는 일입니다
어디에든 내가 있고 어디에든 내가 없는
숨 쉬고 자는 내내 꿈꾸다 깨고, 그러다 또 자는
아마 우리는 그렇게 살다가 가는지도 모릅니다

하룻밤의 꿈인지도
다시 잠자리에 들어야겠습니다
기분 좋은 피로는 꿈길에 좋은 벗이니
잠꼬대 그만 하고 이제 자야겠습니다.

친구에게 바치는 노래

먼 나라로 떠나던 날
휴대전화에 부재중으로 남은
너의 모습
마지막으로 하고 싶었던 얘기
그 말을 받아주지 못해
미안해, 친구야

육신을 파고들던 고통
얘기하다가도 누군지 몰라
다시 물어보던 가엾은 친구
애타게 나를 부르며
전화를 했을 너에게, 미안해

누구도 너와 벗하지 않는다며
유난히 나에게 정을 내던
울고 웃던 내 좋은 친구
혼자 그렇게 떠나게 해서
그래서, 미안해

마지막이 되어버린 너의 플룻 소리
갈대가 들려주는 이 가을
유난히 좋아했던 코스모스
너에게 보낸다

친구야, 미안해.

연꽃 만나고 가는 나그네

삼복더위에 찾아오는 손님
그리 반가울 리 없으련만
茶 한잔 들고 가라시네

비켜서 반겨주는 선풍기도
묵언 수행 중인가
버선발로 앉아 계신 노승
흐르는 땀방울이 무색하네

풍경 소리에 고개 돌리니
백련의 자태 서럽도록 곱구나
찻잔에 피어난 꽃
노스님의 미소이어라.

의식 너머의 고통까지

버거운 삶을 벗어던지고
선암사 동백처럼 떨어진 영혼
육신의 고통 사라졌다고
편안할까
의식 너머의 고통이 더 붉다
부디
편안한 곳으로 가소서

G 선상의 아리아

꽃바람이 불고 간 들녘
새순은 햇볕이 따가운지
꽃잎 뒤로 숨었다
웃자란 쑥 손으로 뜯으니
눅눅했던 맘이 뽀송뽀송
참, 좋다! 이 냄새가

얼굴 익힌 들꽃과 인사를 나누니
쌀 톨만 한 민달팽이가 소스라친다
본성대로 사는 모습이 눈물겹고
눈곱만 한 들꽃이 눈에 들어오는 이 봄
참, 좋다! 이 냄새가

텅 빈 고요

털끝 하나 움직이지 않는 겨울 산
숨을 멈추고 귀를 여니
눈이 시원해진다

이런 날에는
누렁이가 끄덕끄덕 조는 암자에서
노스님이 내려주시는 茶를 마시며
찻잔에 띄워 준 찔레꽃 향기에
마음을 씻고 싶다

찻잔 속에서 날마다 피었다가 지는 꽃

겨울연가

쩌어엉!
얼음장 갈라지는 겨울 소리
몰아치던 오성산 칼바람
북녘 땅에서 전해지던 대남 방송
동상 걸린 손가락마다
감자 갈아 동여매 주고
걸레는 방안에서도 얼어 터졌었는데

무릎까지 푸-우욱 빠져들던 눈밭
싸리나무 가지에 피어나던 눈꽃
얼음 배 태워주며 싱긋 웃던 아이
나처럼 추억하며 웃을까

한탄강 정기 받은 소년들아
그해 겨울이 오고 있다
용서할 줄 아는 사람으로
감자바위 정신 잊지 말자

기억하자!
가슴에 살아 그리운 날들.

슬픈 섬

에디뜨 피아프의 절규하는
처절한 목소리가 들려온다

살다 보니 사는 게, 그저
살아지는 게 아니고
내 몫은 남아서
쓸쓸히 웃음 짓게 하더라

고통 없는 삶, 의미 없다고
위로하며 살아가지만
우리가 사는 곳
슬퍼서 아름다운
사랑하기에 더 아픈 섬

애절하게 한 자락 부르는
한 마리 작은 새로
쉴 새 없이 부는 바람에
날갯짓하다
한세상 살다 가나 보다.

봄이 오는 길

짧게 깎은 머리가 어색해서
자꾸 쓰다듬는 중학생 되는 아들
뒷모습을 바라보니
봄이구나!

모처럼 찾은 찻집에서
오늘은 이 차를 드셔 보세요?
상큼한 석류 차에서 피어나는 향기
의자를 한껏 뒤로 밀어 본다
봄이구나!

후리지아 꽃을 보며
문득 사들고 찾아가고 싶은
친구가 생각나는 오늘
봄이구나!

그리움

불상의 미소 앞에서
눈물을 흘려 보았는가
넉넉한 대흥사 가는 길
품에서 잠들어 본 일이 있는가
고름 풀어헤친 복사꽃 아래
얼굴 붉히며 걸어 보았는가

가 봐서 그리운 곳이 있고
가 보지 않아 더 그리운 곳이 있다

가을 운동회

산골마을에 커다란 집이 있었습니다
논두렁 지나 코스모스 길 따라
아이들이 매일 그 집에 갔습니다
동생하고 같은 교실에 앉아서
선생님이 동생을 가르치시면
나는 자습을 했습니다
교실에 날아든 새를 쫓아내지 않고
수업을 하시던 선생님
문득, 이 가을에 보고 싶습니다.

코스모스가 흐드러지게 피면
운동장에는 만국기가 펄럭이고
고막이 터질 듯 울려 퍼지던 화약총
결승점 하얀 줄을 향해서 달리던 아이들
팔뚝에 찍힌 1등, 2등, 보랏빛 도장 자국
더욱더 그리워지는 가을입니다

피자와 치킨을 싸 오라는 아이들이지만
하늘색 꿈을 안고 해맑은 미소로

운동장을 마음껏 달리며
가슴속에 묻을 추억을 만듭니다
잠도 오지 않던 가을 운동회

소중한 메일

기억 저편 가물가물 생각나는 친구
개울을 사이에 두고 징검다리 건너
학교를 오가다 마주치면 고개 숙이고
달려가던 아이
컴퓨터를 처음 배워서 보낸 메일
얼마나 가슴이 찡하던지
오타를 고칠 줄 모른다는 말
맑은 개울물 같아 눈시울이 젖었다
시골에서 흙과 살아가는 소중한 친구
연필로 눌러 쓴 편지 같아서
자꾸만 읽어보는 메일
열심히 배워서 다시 보낸다지만
순박한 맘이 들어 있어 정겨운 글
아기 단풍잎 우표를 붙여 답장을 보내야지

멋없는 친구

하루가 나에게 몽땅 주어진 날
이리저리 전화로 수다도 떨고
요즘 노래도 들어보며
주체할 수 없이 행복하던 날
수험생과 씨름하는 벗에게 격려차
전화를 걸었다
웬일이니, 가을 타니?
안 타!
가을 타느냐고?
안 타, 안 탄다니까
요즘 유행하는 버전으로 했지
그 애가 넘어간다
너 시인은 맞는 거니, 너답다
가을은 남자의 계절이라는데
내가 너무 했나
그 친구 나에게 무지 실망을 했나 보다
에라, 모르겠다

나, 안 타!

가을에 부치는 편지

선배님
밤이 한 뼘은 길어졌습니다
파리한 새벽도 늦잠을 청하는
참 좋은 시간입니다

초록으로 일렁이는 들녘
조롱조롱 매달린 대추
한밤 새우면 수줍어지고
길가의 돌마저 가을맞이로
분주한 나날을 보냅니다

선배님
누군가를 가슴에 묻고 산다는 거
눈물 나도록 행복한 일입니다
밀리는 출퇴근 시간조차
리듬에 맞춰 발장난하며
빈자리 그리워 바라보는 일

가을이 오면

선배는 무슨 꿈 꾸나요
사랑하는 그녀를 위해
가을을 배달하는
그런 선배면 좋겠습니다

선배님
참으로 보고 싶은 사람
깊어 가는 시간의 틈에 끼여
나즉히 불러보는 이름

편지

가을 산의 골이 깊어집니다
갈대의 몸짓이 보랏빛으로 흔들릴 때
문득 그리움 하나가 물가로 떨어집니다
코스모스가 제 몸짓에 겨워 낯을 붉히고
멋스레 풀어헤친 구름 사이로 들려오는
잎새들이 분단장하는 이 가을엔
당신 손톱에 물들여지는 꽃물이고 싶습니다.
더 깊어지는 가을 산에는 오르지 않겠습니다
그냥, 어깨에 노란 은행잎 얹고서 내려오는
당신의 모습 바라보다 조용히 털어 주며
살며시 손 잡아주는 그런 사람이고 싶습니다
그대가 그리워할 수 있는 시간에 서 있는 사람
해 진 거리를 홀로 거닐 때 호주머니에 가만히
손 넣어주는 그런 가을로 남겠습니다

가을

내일부터 구월이네
출근길에 전하는 인사
긴 옷을 입은 모습에서
국화 향기가 전해진다

편지함에 꽂힌 전시회 초대장
반가움이 더하는 것은
가을에 찾아든 까닭이다

그림을 건네주는 그에게서
남자의 향기가 전해진다
바람이 씻고 간 빈 의자에
그를 초대하고 싶다.

길은 좁아지고 숲은 더 깊어져만 간다

3

詩와 山寺

바라보는 곳마다 바람 소리 머물고
걸음마다 남겨진 소리의 몸짓
찻잔에 피어난 詩 한 수 따라내고
풍경 소리 채워주던 청양사 바람 소리

바라보는 곳마다 바람 소리 머물고
걸음마다 남겨진 소리의 몸짓
찻잔에 피어난 詩 한 수 따라내고
풍경 소리 채워주던 청양사 바람 소리

가던 길 멈추고 바라본 산에는
詩, 바람 소리, 사람이 있었다

소쇄원

닿은 듯, 만 듯한 손길
본래 모습 흩트리지 않은 채
담장 밑으로 흐르는 개울
손길마저 아낀 소쇄원 숲길

제자리에 두고 바라보는 여유
진정 풍류가 아닌가
정자에서 마시는 댓잎 차에
욕망도 상념도 흩어져 버린다

정겹고 소박한 소쇄원에는
귀한 멋이 흐른다

땅끝마을

땅의 끝을 향해서 달려오니
또 하나의 시작이 있었다
끝은 무언가의 시작일 뿐

바다에서 흙 냄새가 난다
여기는 땅의 끝, 바다의 시작
바람의 노래가 숨어 사는
사랑의 땅이다.

거조암 찻집

돌아가자
서 있던 그곳으로
백련차 건네주는 손끝에서
전해지는 해금 소리

어질지 못해 화를 부르고
여유 없이 허둥대던 시간
거조암 오백 나한님 앞에
박하사탕 하나를 놓는다

한 줄 글귀에 행복했던
일상으로 돌아가
낯을 붉히는 사과처럼
튼실한 가을을 맞이하자

여름 끝에 찾아온 거조암
뒤에서 누군가 부르는 소리

갓바위

숨이 끊어질듯
그렇게 오른다
옷자락 하나도 천근 같은
갓바위 가는 길

탐욕이었을까
그리움이었을까
던지고 가고픈 것들
주저앉고픈 나

삼계의 고뇌일까 무거운 돌덩이
머리에 인 갓바위 돌부처
뒷모습이 쓸쓸한 중년의 남자
오래 묻어 둔 비원 한 점
슬며시 놓고 간다

약사여래불
약사여래불
눈 먼 노파의 애절한 노래
팔공산의 메아리로 돌아 나오는 그때.

물은 산 밖으로 흐르고

오래전에도 이 햇살은 있었으리
넉넉한 길에 내리는 저 빛
대나무 이파리에 내려앉는 소리
아! 그날의 빛이요, 바람이겠지

서산대사 부도 탑 앞에서는
세월도 바람도 쉬었다 간다
계곡에 발을 담그니
저 구름도 부럽지 않구나!

구곡교를 돌아가는 길
계곡의 물소리
산 밖으로 흐르고
다시 오겠다는 약조
대륜산 자락에 묻고 돌아서는데
햇살이 어느새 하늘을 물들인다

고운 임 오시는 길

팔공산 가는 길에 고운 임 있어
가던 걸음 멈추고
수레에 귀틀집 짓고 사는 흰둥이
마중 나와 반기니
그대 품 안에 젖어드네

싸리꽃으로 피어난 고운 임
차마 다가서지 못해
대금 소리에 맘 돌리고
꽃실로 수를 놓네

갈잎 치마저고리에 비녀 꽂은
내 고운 임
배웅하고 돌아서는 자태가
서럽고 서러워
사립문 밀고 나서는데
후루루 싸리꽃 떨어지는 소리

시인의 노래

잠 깨는 새벽 꽃비가 내리면
잘 깎은 연필로 편지를 써야지
새소리 물소리가 요리조리 따라다니며
함께 놀자고 졸라대면
몸뻬 입고 실룩대는 항아리 앞장세워
산길을 오르며
진달래도 깨우고 생강꽃도 깨워야지
부지런한 큰 개불알꽃 냇가에서 세수시키고
수줍게 웃는 진달래는 집으로 데려와
너럭바위에 앉아 함께 차를 마셔야지
홍조 띤 얼굴을 쓰다듬어 주며
노래를 불러야지
아주 오래 전, 이런 꿈을 노래한 시인이 있었다고.

화염 속에서 피는 꽃

당신을 위해 흘리는 눈물이
불씨 하나 잡을 수 있을까마는
맘껏 울고 싶습니다

졸작 시집을 들고
소방서를 찾아가던 날
정년을 앞두신 당신의 눈을
지금도 기억합니다
험한 일 하는 우리한테까지…

금지 구역에서 수영하던 아이를
구조해 나오면서 핀잔 한마디 없이
다독이던 멋진 모습을
한참 바라보았습니다

불 속에서 피어나는 꽃
쇳덩이도 녹이는 당신이
아빠임이, 남편임이, 애인임이
자랑스러운 오늘입니다

부석사의 가을

겨울로 가는 길목
알몸으로 서 있는 나무의 체온이
따스하게 전해 온다

비어 있는 거리에서
선명해지는 나의 모습
돌아보는 시간이 필요하다
이 계절에는

일찍 찾아든 어둠 벗 삼아
내려오는 길에
들려오는 북소리
모든 것을 쉬게 한다

빈 가지의 나무도
늦가을 찾아든 나그네도
떠나는 모습이 편안하다

한강

삶이 서운해지면 한강을 찾는다
묵묵히 흘러가는 강을 바라보며
저작거리 일에 기웃대다
잠시 머무는 부끄러운 감정
하늘을 나는 새들만도 못하구나!

모든 것에서 자유로울 수 있음은
내가 씌운 굴레를 벗겨주는 것
그로 인해 내가 편안할 수 있음을
모르지 않는데, 모르지 않는데
하늘을 본다.

누가 흐르라 흐르는가!
누가 멈추라 멈추는가!
자유를 향해 떠나는 모습
강은 말이 없다

추억이 흐르는 경주에서

흑백사진 한 장에 담은 중학시절
수학여행길이다
우뚝우뚝 서서 어린 가슴
으스스 겁 먹인 소나무
지금도 푸르러 반갑다
빛바랜 사진 속에
까까머리 떠들썩한 참새 떼
지금은 모두 무엇하고 있을까
그 아이들이 왁자한
그 길을 걷고 있다

불국사 청운백운교, 연화칠보교
변함없이
찍히는 추억들
수학 여행길이 마냥 좋아
펄쩍 뛰고 모로 뛰다 넘어지는 아이들
아파 울상인 얼굴로 따라 웃는
배를 안고 터지는 웃음 까르르르
여기다

절로 솟는 웃음 빙그레 참으며
슬그머니 앉아본다
찰칵!

수십 년 세월 흐르고
빛바랜 사진으로도 강이 흐른다

운문사의 가을

소복이 내려앉은 꽃이
불타오르는 시간 앞에
녹아들고 있다

회색 옷이 편안하고
그대 고무신 곱구나
스님 옷자락에 은행잎
나비 같아라

계곡에 안겨드는 나뭇잎처럼
우리네 뒷모습도
저리 아름다울 수 있다면
나그네 업고 가는 세월
찻잔 속에서 쉬어간다

슬픈 강

시인아
저길 보렴
고된 걸음으로 흐르는 임진강
모진 풍파에 지치고 힘들어도
슬픔을 삼키며 흘러가는 모습을

수많은 날이 안개에 싸여
불투명한 시간이 두려워도
허리 끊어져라 재촉한다
가자, 가 보자

시인아
아리수(阿利水) 향한 희망 안고
고독하고 힘든 여정 걸어온 임진강
크게 요동치며 환희의 기쁨을 맞이하는
저들을 보아라

도도히 커다란 파장을 그리며
서해로, 서해로 빠져나가는
아름다운 저 모습을 보아라

마중물

물이 물을 마중나간다

혼자선 어쩔 수 없는
지하 속 깊은 물
마중 나가, 함께
뿜어져 나온다

너의 가슴 속 깊이 들어가
함께 살고 싶다

얼마큼 다가가 손 내밀면
가까이 올까
비록 작은 손이지만
오늘도 마중 나간다

소중한 것
기꺼이 던져 넣고
너와 함께 살 수 있다면
잘 살았노라고 웃을 수 있을 텐데

어렵게 다가간 손
내 죽어서, 다시 살 수 있으리

그린 목장의 추억

친구야!
사는 게 이리 바쁘니
그래, 그렇지
토끼풀꽃이 눈처럼 덮히고
당나귀가 싱겁게 하품을 하며
호숫가를 산책하는 곳

바람 껴안고 세상을 보니
그렇지, 별것 아니지
주저앉고 싶은 날에는
머리에 풀꽃 핀 꽂아주며
하얗게 웃어보자

친구야!
어깨를 빌려다오
오늘 하루만

그리움으로 다가서는 것

시골길에서는
하늘에서 떨어진 아기별과
달팽이가 산책을 간다

풀벌레 소리가 시끄러워
물결이 총총거리면
당산나무 아래서 쉬던 여름이
기차를 타고 떠난다

무덥던 날들이
사과 향기에 그리워지고
그늘이 깊어지는 요즘
네가 그리운 까닭은
부대끼며 살아낸 시간이 있어서일까.

유채꽃

수없이 피었다가 지는 꽃 중에서
당신은 악연이었습니다
어느 꽃인들 밉다 않거늘
모질게 살아온 당신의 모습

당신에게서 느꼈던 달콤함과 설레임
산산이 찢기고 허공에서 피지도 못한 채
하늘의 꽃으로 살았습니다

한 번만이라도
노랑저고리 연둣빛 치마 입고
당신을 기다리는 꽃이 되고 싶습니다

무릎 꿇은 나무

잠시 빌려 가는 길
이것저것 구경하니
심심하지 않고

겨울 끝에서 만난 새싹
그지없이 귀하고
날개 잃은 새의 노래는
새벽 하늘이 된다

4

삶의 지혜

바람에 가지는 흔들려도
근본에는 변함없는 나무처럼
삶의 무게가 버거워도
나를 돌아보고
나를 살필 줄 아는 지혜
빈 맘으로 세상 바라보며
주인 노릇하며 살자

마술

세포분열이 시작되는 날에는
지나치던 일상 이리저리 흔들며
마술을 거는 그녀

여자라는 이름의 꽃
눈물의 향기를 맡아 본 사람은
스스로 헤집어 아파 하는 여자가
세상의 마지막 꽃임을 안다

그녀의 고통이 너를 만들고
그녀의 아픔이 나를 만들며
우리를 만든다

그날

그가 왔다
어제처럼

산중의 꽃이 향기를 내듯
보이지 않아도 만질 수 있고
멀리 있어도 내 안에 있으니
벽 하나 허물면
그가 있고 내가 있는 것

그가 갔다
난, 또 다른 모습으로
그를 기다린다

여전히 그는 새로운 만남이다.

약속

우리
다음 生에도 감사한 因緣으로 살자
백 년보다 더한, 천 년의 약속일지라도
처음부터 매듭 지어 끊기는 아픔 없이
늙어 가는 모습 함께 바라보며
내 삶에 동행해 준 당신, 감사해서
눈물 보이며 웃을 수 있는 삶
그런 因緣으로 만나자.

우리
지은 業 다 짓고 진정 自由人 되면
하나 되어 살아가자
애썼다고 등 다독여 주며
다시는 전생의 業으로 힘들지 않은
그런 세상에서 하나가 되자
반나절 주어진 삶일지라도
반질반질 닦으며 감사히 살고
한나절 잠잘 수 있는 生을 약속하자
천 년의 약속일지라도

자연은 영혼의 상처를 씻어준다

안개 숲으로
상처받은 영혼과
지친 육신이 젖어든다

순례자의 길에 오른 사람들
말이 없다
앞서 간 사람들의 발걸음
독경 소리로 흩어지고
젖은 숲에는 깊은 발자국만 남는다

풍경 소리

그 발로, 그 손으로
무수한 생명을 죽였으며
그 입으로, 그 귀로
얼마나 많은 죄를 만들었는가

더도 덜도 말고
들은 것, 본 것에 보태지 말라
그것이, 바로
잘 사는 것인데

紅梅化(홍매화) 띄운 보이차
향기가 입안 가득한데
님을 두고 오는 길에
아련한 풍경 소리만

외로움의 옷

사는 동안 덕을 쌓는 것이
전생의 업 씻기 위함인 걸
진작 알았더라면
먼 산을 바라본다.

겹겹으로 기운 옷 입은
노송 앞에서 흐르던 눈물
첩첩산중에 홀로 핀 꽃
용기 있는 것만이 아름답다

세상일에 욕심 내니 내가 없어지고
보이는 것에 연연하니 맘이 부대끼고
복을 짓는 것도 일상의 일이거니
다음 생에서는 힘들지 않으려, 오늘
외로움의 옷을 입는다.

홀로 지는 꽃

안개가 물 위로 미끄러진다
실룩대며 물오리가 좇다
파드득 날개를 턴다

소녀 닮은 연꽃 봉오리
빗줄기에 핼쑥해진 모습
원망도 미움도 씻어 내리고
가녀린 줄기에 몸을 맡긴 채
길을 떠난다

미치도록 사랑하다
말간 아침, 핏기 없는 얼굴로
홀로 지는 꽃.

추억

비가 오는 날에는
하늘에서 미꾸라지가 내려온다며
이리저리 빗줄기 따라 쫓아다니던
산골마을 아이들
칡꽃이 피었건만 아무도 보이질 않고
비가 내리니 미꾸라지 잡으러 가자고
빗방울에 안부를 적어 보낸다
횡단보도로 쏟아져 나오는 사람들
낯익은 어깨에 추억 하나가 앉는다.

아직도 철없는 나를

당신은 보고 있지요
빗방울이 불빛을 그으며
별처럼 쏟아져 내린다고
좋아서 바라보는 나를

당신은 보고 있지요
꽃차보다는
거품이 좋은
맥주를 마실까 생각하는
나를

당신은 보고 있지요
노란 우산을 집어 들다
분홍 우산을 들어 보고
연둣빛 샌들을 꺼냈다가
하얀 샌들로 바꾸는 나를

비 오는 날

하루 종일
홀로

좋아라
빗소리 촉촉

창 너머 길에는
하루 내내

자동차가 오가고
사람들이 오가고

문자 메시지

한밤에 나를 흔드는 손짓
보고 싶다 언니!
전화기에서 느껴지는 온기
저리다, 어딘가 한구석이
가끔은 말로 하는 것보다
진하게 다가오는 글귀가 있다

깊은 밤에 찾아든 작은 새
노랫소리에 한참, 아주 한참을
멍하니 앉아 있었다
휘파람소리가 들린다
누군가도 나처럼, 무척이나
행복한 모양이다.

소맷자락에 물들고 싶어라

당신은 온몸을 사르다
아름다운 순간에 사라지는
풀잎에 이슬이어라

의미를 두지 마라 이르셔도
넘치는 맘 어찌할 수 없고
동짓달 긴 밤 뜬눈으로 지새워
첫 새벽에 우는 닭이라도 되고파라

내 사랑 훨훨 풀어내며
새벽 하늘에서 춤판을 펼치리
옷소매에 젖은 여인의 맘
흩어지는 구름처럼 왔다가 가려니
꿈길에서나 반겨 주소서

붕어빵

윤지는 꼬리부터 먹고
당찬이는 입부터 먹고
힘찬이는 등지느러미부터 먹는다

붕어가 심각하게 듣고 있다

당찬이는 꼬리가 맛있어서
입부터 먹고
윤지는 맛있는 것부터 먼저 먹으려고
꼬리부터 먹고
힘찬이는 등지느러미가 먹음직스러워서
먼저 먹는단다

붕어 새끼들이 붕어빵을 먹고 있다

12월에게

길모퉁이에
옹기종기 모여 있는
지난 시간의 흔적

착한 순이 같아서
볼에 비벼 본다
분주히 살아온 날들이
여기 잠들어 있다

12월에는
잠을 자야지
아무것도 걸치지 않은 채.

自畵像

어느새 不惑을 넘긴 여자
거울에 비친 모습
낯익은 여인네가 서 있고
세월의 강을 큰 걸음으로
건너 보지만
그녀는 또 멀어져만 간다

그녀가 했던 말투
몸짓 하나하나 가져오면서
그 거리만큼 떠나고
언젠가 홀로 남는 날
그녀가 그랬지
다 살게 되더라고

그녀를 닮아 가는 나
다가서면 한 발 멀어지고
변하지 않는 것 하나
어머니라는 이름
주머니 속에서 운다

녹차를 마시며

멋없이 생겼어
볼 적마다 구박하지만
은은하게 감겨드는 향기

널, 어찌 미워할까

햇살이 드는 창가에서
파릇한 색깔로 마주한 잔 속에
내가 있음을 본다

지난날
불구덩이 속에서
가슴 졸이던 그 아이가…

가끔 그런 생각을 해

나, 노래 불러 줘
그래, 해 주지
이유가 없이 그냥, 그냥

생각해 보면 재미있다
희끗한 머리카락 쓸어 넘기며
전화기에 대고 노래를 부르는
그 모습을 상상하면.

외롭고 힘든 게 나뿐이랴
노래해 달라 보채는 나나
부하직원 시선 마다 않고
나즉히 불러주는 그나

작품 해설

산처럼 바다처럼

강경우

□ 작품 해설

산처럼 바다처럼

강 경 우
문학평론가

1. 마음속으로만 새기는 그리움

시인이 그리는 이상향이 '플라톤'의 이데아든, '도연명'의 도원경이든, 그것은 시인의 마음속에 존재할 뿐, 실재한 현실세계의, 그 어느 곳에도 있을 것 같지 않다. '존재와 무', '있음과 없음의 세계', 인간이 생각해 볼 수 있는 가장 큰 테두리의 경계다. 그러나 '無'라고 인지하는 그 순간, 그 '무'의 세계도 관념의 어떤 존재가 된다. 그처럼 인간은 끊임없이 어디에서든 그 무엇을 확인코자 한다.

돌돌 구르는 물소리
귀를 뚫어주는
솔숲 바람

살아 있음이다

깊은 그늘 속 햇살 한 줄기

— 「숲에서」

깊은 숲속이라 해도 소통하는 바람이 있고 햇살이 있다면, 곧 내가 살아 있음이다. 나 없으면 저것이 없고 저것 없으면 나 또한 없는 것이므로, 하늘 가린 숲속에 있다 해도 내가 살아 있다는 확신, 존재 확인이다.

우리는 평범한 한 소시민적 삶을 살면서도 누구든 꽃을 싫어하는 사람은 없을 것이며, 산을 만나면 산처럼 바다를 만나면 바다처럼 살고 싶어진다. 쉽게 감동 받고, 쉽게 감동하는 그것이 시인의 감정이며 마음이라 할 것이다. 누구든 자기가 하는 일에 대해서, 보이는 세계에 대해서, 때로는 자신에 대해서 끝없이 묻는다. '물음'이란 곧 삶의 철학으로 존재의 확인과정이며, 거기서 얻어진 결과는 보통 사람이라면 삶의 원동력이 될 것이며, 시인이라면 한 줄 글이라 할지언정 그 바탕이 된다.

의미를 두지 마라 이르셔도
넘치는 맘 어찌할 수 없어
동짓달 긴 밤 뜬눈으로 지새우며
첫 새벽에 우는 닭이라도 되고 싶어라

— 「소맷자락에 물들고 싶어라」

그럴 것이다. 누구든 가슴 아픈 사연 한 가지쯤 없을까만, 필자가 짐작하기론 '김정아' 시인은 참으로 어려운 삶을 잘 참고 견뎠으리라. 처절한 아픔이었을 텐데도 시인은 자신의 이야기를 잘 하지 않는다. 필자와 어떤 인연이 있었던지 수년이 지나가지만, 아직 나는 그녀의 깊은 이야기를 들어본 바가 없다. 다만

시골 간이역에서
너를 보내면서도 네가 그리운 까닭은
부대끼며 살았던
그 시간이 안타까워서일까.

— 「그리움으로 다가서는 것」

그녀의 작품 속에 나타난 시구를 통해 "너를 보내면서도 네가 그리운 까닭"을 어렴풋이나마 짐작할 뿐이다.

신호가 바뀌어도 서둘러
발걸음 내딛지 않으리
나를 다치게 한 사람
원망하며 사느니
그를 보내고 내가 가리다

— 「독백」

나이가 들었다는 이야기일까. 신호가 바뀌어도 서둘러 발걸음 내딛지 않는 여유로움. 그러면서도 다음을 보면 평범한 한 여인의 들뜬 사랑의 마음도 엿볼 수 있다.

당신은 보고 있지요
노란 우산을 집어들다
분홍 우산을 들어보고

> 연둣빛 샌들을 꺼냈다가
> 하얀 샌들로 바꾸는 나를
>
> —「아직도 철없는 나를」

아주 쉽게 쓰는 글, 무엇을 배웠다고, 무엇을 안다고 잔뜩 어깨에 힘이 들어간 그런 시편들이 아니다, 김정아 시인의 글은. 일상적인 기초어로 썼으면서도 잔잔히 흐르는 그 무엇을 느낄 수 있는 그런 글들이다.

2. 시는 곧 작가가 아니라 하지만

시는 페르소나에 의해서 말해진다는 말이 있다. 작가는 어떤 가면을 내세워 말을 한다. 그것이 곧 작가는 아니라 해도 그 속에 흐르는 정서는 작가의 한 모습이다. 때문에 시를 쓴다는 것은, 곧 작가 자신을 숨김없이 까발리는 일이기도 하다. 그게 두려워서, 어떤 이는 절필하기도 한다.

> ....
> 이리저리 전화를 하며 수다를 떨고
> 재미있는 만화책도 보고
> 요즘 애들의 노래도 들어보며
> 하루가 몽땅 나의 날
> 전화를 걸었지
> 수험생과 씨름하는 벗에게, 격려차
>
> "웬일이니, 가을 타?"

"안 타!"
"가을 타느냐고?"
"안 타, 안 탄다니까"
요즘 버전으로 했지
그 애가 넘어간다
"너 시인은 맞는 거니, 너답다"

가을은 남자의 계절이라지만
너무 했나
그 친구 나에게 무지 실망을 했나 보다

그래도 난
가을 안 타!

—「멋없는 친구」

흔히 인간은 가장 슬플 때 눈물을 보이는 것이 아니라 오히려 허허 웃고, 가장 기쁠 때 눈물을 흘리기도 한다. "가을 안 타!" 김정아 시인다운 모습이긴 해도 어딘가 쓸쓸하다. 반어적 표현, 흔히 하는 말로 강한 부정은 긍정이기도 한 것이니까.

김정아 시인에겐 두 아들이 있다. "당찬" "힘찬"이란 이름이다.

윤지는 꼬리부터 먹고
당찬이는 입부터 먹고
힘찬이는 등지느러미부터 먹는다

붕어가 심각하게 듣고 있다

당찬이는 꼬리가 맛있어서
입부터 먹고
윤지는 맛있는 것부터 먼저 먹으려고
꼬리부터 먹고
힘찬이는 등지느러미가 먹음직스러워서
먼저 먹는단다

붕어 새끼들이 붕어빵을 먹는다

—「붕어빵」 전문

아이나 어른이나 취향은 각기 다르며, 그 마음 씀씀이도 다르다. 좋은 곳을 아껴두는 사람이 있는가 하면 먼저 취하는 사람도 있다. 어디 아이들이라고 해서 다르랴 싶다. 그만그만한 아이들이 붕어빵을 먹는 모습, 한 엄마가 아니면, 여성스러운 자상함이 아니면 그저 지나쳐 버리는 일상이다. 시인은 작은 무엇 하나를 가지고 큰 세계를 그린다. 그게 바로 보통사람들과 시인이 다르다면 다른 점이다. 김정아 시인, 한 인간으로서, 한 여성으로서, 한 어미로서의 존재 확인, 무엇에도 흔들리지 않는 시인의 그런 꿋꿋함이 눈물겹다. 끝으로 시인의 아픈 마음을 헤아리면서도 겸손한 시심을 다음 작품에서 보면서 이 글을 맺을까 한다.

발길 닿는 대로 오다 보니
당신 품 안입니다
잠시 그늘에서 쉬고 싶은데
허락하소서

다시 걸어가야 하는
혼자의 길
굽은 허리만큼 그늘이 넓다는 것을
이제야 알았습니다

신발끈 고쳐 매는 동안
물 한 모금도 마셨고
잠시 시름도 잊었습니다

투정 부리듯 왔다가
발 먼지만 두고 가는 나그네
용서하소서

—「운문사 소나무」 전문